Heike Tetzlaff

Lustige Herbsttage

mit Windowcolor

frechverlag

Zur Glasmalfarbe Windowcolor sind im frechverlag zahlreiche Kreativtitel erschienen. Hier eine kleine Auswahl:

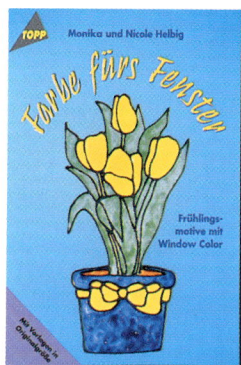

TOPP 2423

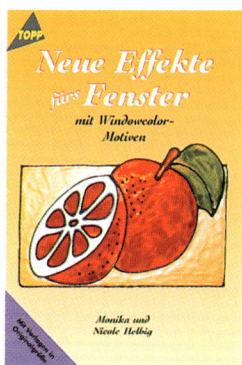

TOPP 2502

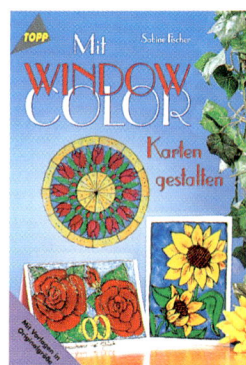

TOPP 2503

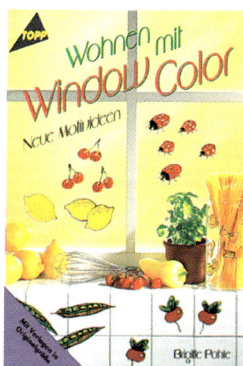

TOPP 2417

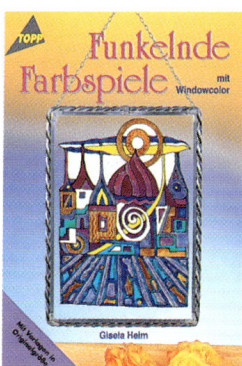

TOPP 2460

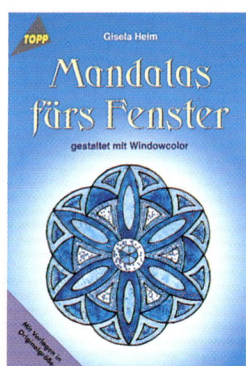

TOPP 2467

Fotos: frechverlag GmbH + Co. Druck KG, 70499 Stuttgart; Fotostudio Ullrich & Co., Renningen

Dieses Buch enthält: 2 Vorlagenbogen

Auflage:	10.	9.	8.	7.	6.	Letzte Zahlen
Jahr:	2003	2002	2001	2000	1999	maßgebend

© 1999

frechverlag GmbH + Co. Druck KG, 70499 Stuttgart

ISBN 3-7724-2492-9 · Best.-Nr. 2492

Druck: frechverlag GmbH + Co. Druck KG, 70499 Stuttgart

Windowcolor ist eine Glasmalfarbe, mit der ohne großen Aufwand wunderschöne Effekte auf allen glatten Flächen, insbesondere aber auf Glas erzielt werden können. Durch das Sonnenlicht werden die Fensterbilder angestrahlt und leuchten in den herrlichsten Farben. Ist es draußen dunkel und brennt im Haus Licht, wirken die Motive von außen schön.

Gerade der Herbst, die Jahreszeit mit den buntesten Farben, bietet sich dazu an, Türen, Fenster, Spiegel oder sonstige Gegenstände aus Glas mit Windowcolor-Motiven, die zu dieser Zeit passen, zu verzieren. Wie wäre es mit Blättern, Kürbissen, Pilzen, frechen Früchten oder sogar Gespenstern?

Mit diesen lustigen, comichaften Motiven wird diese Jahreszeit ein Riesenspaß sowohl für kleine als auch für große Windowcolor-Fans.

Lustige Herbsttage wünscht Ihnen

Ihre Heike Tetzlaff

Und so wird's gemacht:

· ·

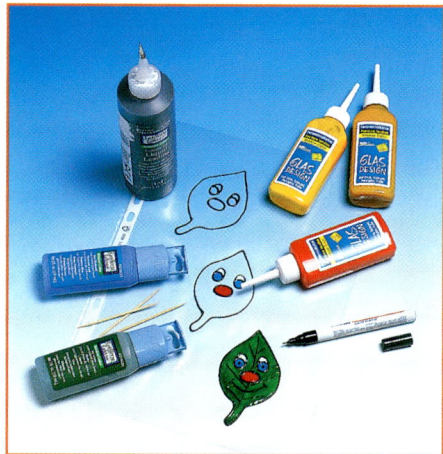

Die Malunterlage

Die Malunterlage sollte eine Folie aus Polyethylen (PE) oder Polypropylen (PP) sein. Einfache Prospekthüllen beispielsweise sind gut geeignet!

Das Konturenmalen

Für die Außenkonturen verwende ich eine bleifarbene Konturenpaste. Mit dem spitzen Ende eines Zahnstochers stosse ich ein Loch in die Flasche und setze eine Metalldüse mit ø 0,9 mm auf.
Für die feineren Linien im Innern des Motivs benutze ich etwas dünnflüssigere Konturenfarbe in Blei mit einer Metalldüse mit ø 0,7 mm.
Diese Metalldüsen sind im Handel erhältlich und werden jeweils auf die Flaschenspitze aufgeschraubt.
Flaschenöffnungen werden nach dem Malen mit einer Nadel verschlossen.
Legen Sie die ausgewählte Motivvorlage unter die Folie und halten Sie die Konturenfarbe in geringem Abstand über die Vorlage. Malen Sie nun mit gleichmäßigem Druck auf die Flasche mit Konturenfarbe die Linien nach.
Wenn die Farbe nur mit großer Kraftaufwendung aus der Flasche kommt, legen Sie sie auf die Heizung.
Die Konturenfarbe muss ca. 7 - 8 Stunden trocknen, bevor Sie weitermalen können.

Das Ausmalen

Tragen Sie die Farben nicht zu dünn auf die Folie auf und achten Sie darauf, dass sie gut an die Konturenlinien anschließen. Mit einem Zahnstocher lässt sich die Farbe gleichmäßig über die gesamte Fläche verteilen. Wenn Sie die Farben mit dem Zahnstocher in kreisenden Bewegungen verteilen, verschwinden dadurch auch die Bläschen.

Alle Farben sind untereinander mischbar.

Durchscheinende Innenflächen des Motivs fülle ich mit transparenter Farbe aus. Auch Motivteile, die abstehen, wie z. B. Arme oder Beine, verbinde ich mit transparenter Farbe mit dem Motiv. Dadurch hat das Windowcolor-Bild mehr Halt.

Die Trockenzeit der Farben beträgt je nach Fabrikat ca. 24 Stunden.

Lackstift

Mit einem dünnen schwarzen Lackstift bzw. einem wasserfesten Stift kann man nach dem Trocknen der Farben feine Linien auf das fertige Bild auftragen.

Tipps

Ich empfehle beim Malen der Fensterbilder als Unterlage eine Wachsdecke zu benutzen. Sollten Sie eine Stofftischdecke benutzt haben und etwas Farbe geht daneben, können Sie Flecken mit Seife leicht auswaschen.

Sie können auch eigene Farben mischen. So ergeben z. B. Rot und Weiß eine hellrote Farbe.

Fensterbilder aus Windowcolor können Sie zum Fensterputzen abnehmen.

Zum Lagern bewahren Sie die Motive nicht auf Papier, sondern auf einer Folie auf.

Wenn Sie die Fensterbilder bei Kälte oder Frost vom Fenster entfernen wollen, sollten Sie dies sehr vorsichtig tun, da sie schnell zerbrechen. Ich rate Ihnen, sie auf kleiner Stufe mit einem Föhn zu erwärmen und dann abzulösen.

Wenn Sie viel malen und große Flaschen gekauft haben, werfen Sie ihre kleinen Maltuben nicht fort! Waschen Sie diese mit 50 °C heißem Wasser aus. Dazu genügt eine alte Zahnbürste oder eine Flaschenbürste. Vergessen Sie beim Auswaschen den Verschlussdeckel nicht! Zum Trocknen können Sie die Flaschen auf den Kopf stellen oder – wenn es schnell gehen soll – benutzen Sie einen Föhn. Danach füllen Sie die Farben aus der großen Flasche in die kleinen um. Weil aus der großen Flasche beim Malen zu viel Farbe herauskommt, lässt sie sich schwer verarbeiten, wohingegen Sie mit der kleinen Flasche die Bilder sauber ausmalen können.

Kontur:
Blei, Schwarz

Farben:
Rot, Orange, Hellgrün, Hellbraun, Weiß, Hellblau, Schwarz, Transparent

Mit dem Lackstift malen Sie die feinen Innenlinien der Kürbisse auf.

Birne mit Laterne

Kontur:
Blei, Schwarz

Farben:
Rot, Hellgrün, Hellgelb, Hellbraun, Bernstein, Weiß, Hellblau, Mittelblau, Transparent

Apfel
mit Laterne

Kontur:
Blei, Schwarz

Farben:
Rot, Goldgelb, Hellgelb, Hellbraun, Bernstein, Weiß, Hellblau, Mittelblau, Transparent

Füllen Sie den Apfelkörper mit Goldgelb aus und vermischen Sie die Farbe sofort mit einigen Farbtupfen in Rot.

Sonnenblume im Topf

Kontur:
Blei, Schwarz

Farben:
Rot, Hellgrün, Hellgelb, Hellbraun, Weiß, Pink, Orange, Schwarz, Transparent

Die Augen werden mit dem Lackstift autgemalt.

Maiskolben

Bemalen Sie das Maisblatt mit Hellgelb und vermischen Sie die Farbe sofort mit einigen grünen Farbtupfen. Die Innenlinien von Haaren, Augen, Mund, Blättern und Maiskolben werden mit dem Lackstift aufgemalt.

Herbstzeit ist Igelzeit

Malen Sie die Linien auf dem Igelkopf, dem Ast und dem Blatt mit dem Lackstift auf.

Kontur:
Blei, Schwarz

Farben:
Hellbraun, Bernstein, Hellgrün, Weiß, Hellblau, Schwarz

Bitte nicht stören!

....

Kontur:

Blei

Farben:

Hellbraun, Bernstein, Weiß, Schwarz, Hellblau, Goldgelb, Orange, Hellgrün, Dunkelgrün, Transparent

Der Baum wird goldgelb angemalt. Mischen Sie in die noch feuchte Farbe einige hellgrüne und orangefarbene Farbtupfen. Die feinen Innenlinien beim Igelkopf, dem Stamm und den Blättern werden mit dem Lackstift aufgemalt.

Kürbisreiter

Kontur:
Blei, Schwarz

Farben:
Hellgrün, Orange,
Goldgelb,
Hautfarbe, Rot,
Mittelblau,
Weiß,
Hellblau,
Hellbraun,
Schwarz

In die Nase wird etwas Weiß gemischt. Malen Sie die Innenlinien beim Hut, den Augen, den Haaren, dem Tuch, der Tasche und dem Kürbis mit dem Lackstift auf.

14

Nur die Eule wacht

Kontur:
Blei, Schwarz

Farben:
Orange,
Hellgrün,
Dunkelgrün,
Rot, Weiß,
Hellbraun,
Bernstein,
Mittelblau,
Dunkelgrau,
Goldgelb

Zuletzt werden die Innenlinien bei der Eule, dem Baum, der Spinne, dem Kürbis und den Blättern mit dem Lackstift aufgemalt.

Hier sind wir zu Hause

Mit dem Lackstift malen Sie die Innenlinien des Rauchs, der Pilzgesichter, des Baumes und des Baumstammes auf.
Dieses Motiv kann auch ohne den Himmel gearbeitet werden.

16

Farben:
Hellbraun, Bernstein, Hellgrün, Weiß, Mittelblau, Dunkelgrün, Hellgelb, Rot, Hellblau

Wirbelnder Herbstwind

Kontur:
Blei, Schwarz

Farben:
Drachen: Hellgelb, Violett, Orange, Hellgrün, Hellblau, Pink, Rot, Schwarz, Transparent

Kürbis: Orange, Hellgrün, Rot, Schwarz, Weiß, Hellblau, Hellbraun

Blätter: Dunkelgrün, Hellgrün, Orange

Mit dem Lackstift malen Sie die feinen Innenlinien aller Motive auf.

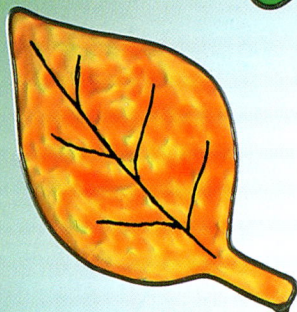

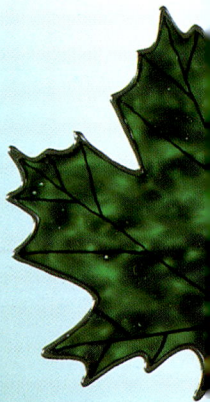

Kontur:
Blei, Schwarz

Farben:
Hellbraun, Bernstein, Hellgrün, Weiß, Hellblau, Rot, Jeansblau

Malen Sie mit dem Lackstift die Innenlinien des Astes, des Blatts, der Traube, der Augen und der Zunge auf.

Zum Wohl!

Kontur:
Blei, Schwarz

Farben:
**Hellbraun, Bernstein,
Weiß, Hellblau, Rot,
Schwarz, Pink, Hellgrün,
Orange, Goldgelb, Trans-
parent**

Mit dem Lackstift
werden die feinen
Innenlinien des
Korkens, der
Flasche, des Glases
und der Blätter
aufgemalt.

Es regnet!

Farben:

Mais mit Regenschirm:

Mittelblau, Hellgelb, Hellgrün, Pink, Hellbraun, Weiß, Hellblau, Rot, Goldgelb, Violett, Dunkelgrau, Transparent

Kürbis mit Regenschirm:

Weiß, Hellblau, Mittelblau, Hellgelb, Orange, Hellbraun, Dunkelgrau, Hellgrün, Rot, Transparent

Bei beiden Motiven wird die Farbe der Wolken aus Weiß und Dunkelgrau gemischt. Mit einem Lackstift malen Sie die Innenlinien auf.

Badetag

Beim Wasser wird etwas Weiß hinzugemischt. Die Innenlinien beim Blatt und den kleinen Eicheln werden mit dem Lackstift aufgemalt.

Kontur:
Blei, Schwarz

Farben:
Hellbraun, Bernstein, Hellgrün, Weiß, Hellblau, Rot, Schwarz, Dunkelgrau, Transparent

Fall der Blätter

Malen Sie die Innenlinien aller Blätter mit dem Lackstift auf.

Hallo, seht ihr mich?

Die Innenlinien bei Pilz und Ast werden mit dem Lackstift aufgemalt.

Kontur:
Blei, Schwarz

Farben:
Hellbraun, Bernstein, Hellgrün, Weiß, Hellblau, Rot, Goldgelb

Vogelscheuche

Malen Sie die Innenlinien beim Baumstamm, den Kürbissen, der Vogelscheuche und bei den Vogelaugen mit dem Lackstift auf.

Kontur:
Blei, Schwarz

Farben:
Weiß, Rot, Hellgrün, Orange, Goldgelb, Hellgelb, Pink, Hellblau, Hautfarbe, Mittelblau, Bernstein, Schwarz, Hellbraun, Jeansblau

Lustige Herbsttage

Kontur:
Blei, Schwarz

Farben:
Hellgrün, Hellbraun, Bernstein, Goldgelb, Weiß, Rot, Hellblau, Orange

Für den Baumstamm verwenden Sie Hellbraun und Bernstein, für die Blätter Goldgelb und Orange, für die Kastanien Hellbraun und Bernstein und für die Schuhe Goldgelb.

Die Innenlinien beim Baumstamm, den Blättern, der Augen und der Münder der Kastanien werden mit dem Lackstift aufgemalt.

Happy Halloween!

Fledermäuse: Schwarz, Orange, Weiß, Hellblau, Rot, Hellbraun

Gespenster: Weiß, Hellgrün, Hellbraun, Rot, Hellblau, Schwarz, Bernstein, Mittelblau, Hellgelb, Transparent

Kontur:

Blei, Schwarz

Mit dem Lackstift werden die Innenlinien der Fledermäuse und
Gespenster aufgemalt.

Gespenst mit Kürbis

Kontur:
Blei, Schwarz

Farben:
*Orange, Hellgrün, Weiß,
Hellblau, Rot, Schwarz,
Transparent*

Die dünnen Innen-
linien werden mit
dem Lackstift auf-
gemalt.